Elena Lascar

Análise do potencial de desenvolvimento das zonas rurais no Sul da Mun

Elena Lascar

Análise do potencial de desenvolvimento das zonas rurais no Sul da Mun

ScienciaScripts

Imprint
Any brand names and product names mentioned in this book are subject to trademark, brand or patent protection and are trademarks or registered trademarks of their respective holders. The use of brand names, product names, common names, trade names, product descriptions etc. even without a particular marking in this work is in no way to be construed to mean that such names may be regarded as unrestricted in respect of trademark and brand protection legislation and could thus be used by anyone.

Cover image: www.ingimage.com

This book is a translation from the original published under ISBN 978-3-330-33232-4.

Publisher:
Sciencia Scripts
is a trademark of
Dodo Books Indian Ocean Ltd. and OmniScriptum S.R.L publishing group

120 High Road, East Finchley, London, N2 9ED, United Kingdom
Str. Armeneasca 28/1, office 1, Chisinau MD-2012, Republic of Moldova, Europe
Managing Directors: Ieva Konstantinova, Victoria Ursu
info@omniscriptum.com

Printed at: see last page
ISBN: 978-620-8-38361-9

INTRODUÇÃO

O desenvolvimento rural no sul de Munique é influenciado por uma série de factores, condições e formas específicas. Devido à sua dimensão, o desenvolvimento regional, incluindo o desenvolvimento rural, abrange várias áreas de atividade, pelo que muitas instituições estão envolvidas no seu desenvolvimento e implementação.

A Comissão Europeia é diretamente responsável pela preparação e execução da política de desenvolvimento regional da União Europeia. Cabe-lhe iniciar e adotar nova legislação neste domínio e assegurar que os Estados-Membros tomem as medidas necessárias para a sua aplicação. A Direção-Geral da Política Regional (DG) é o serviço responsável pelas medidas de apoio ao desenvolvimento económico, que apoia igualmente as outras estruturas organizacionais envolvidas na execução da política geral, como a DG Agricultura, a DG Pescas, a DG Educação e Cultura, a DG Ambiente e a DG Emprego e Assuntos Sociais. [1][2]A Direção-Geral da Política Regional gere três categorias de fundos: o FEDER, o ISPA e o Fundo de Coesão.

---

[1] *** FEDER, fonte: http://www.fonduri-finantari.eu/articol/fondul-european-de-dezvoltare-regionala-fedr
[2] *** Programa ISPA, fonte: http://www.mt.ro/dgrfe/ispa.html

Capítulo 1 ESPAÇO RURAL. CONCEITO, DEFINIÇÃO

ZONA RURAL. DESCRIÇÃO GERAL

A ruralidade é um conceito particularmente complexo que deu origem a uma multiplicidade de pontos de vista sobre a sua definição, âmbito e componentes.

Para compreender a complexidade deste conceito, é necessário definir os principais termos específicos e os seus componentes, tais como

O espaço rural inclui todas as actividades que se desenvolvem fora da cidade e é constituído por três elementos essenciais: As comunidades administrativas, constituídas por um número relativamente reduzido de membros que mantêm relações mútuas; a distribuição da população e dos serviços colectivos; o papel económico particular da agricultura e da silvicultura.

Devido à sua complexidade, o conceito de ruralidade deu origem a muitas opiniões, que diferem de um autor para outro, mas que, no essencial, chegam às mesmas conclusões.

De acordo com algumas opiniões, o "rural" pode ser definido com base nos termos que o caracterizam e inclui tudo o que não é urbano. Esta definição geral conduz frequentemente à confusão entre o termo "rural" e o termo "agrícola", o que não corresponde à realidade.

A zona rural da Roménia é atualmente constituída pela superfície administrativa dos 2 688 municípios do país, que agrupam a população rural em conformidade com a Lei 2/1968 sobre a organização administrativa e territorial. As comunas são constituídas por uma ou mais aldeias, existindo um total de 12 751 aldeias nas zonas rurais. Em termos de administração territorial, existem 42 arrondissements, que constituem as unidades administrativas de base.

Em conformidade com a lei n.º 315/2004 sobre o desenvolvimento regional na Roménia, foram criadas oito regiões de desenvolvimento na Roménia. Para uma melhor compreensão da análise de diagnóstico das zonas rurais romenas, são efectuadas comparações a nível regional.

É de referir que, no território administrativo de certas cidades e municípios - considerados urbanos nos termos da lei sobre a organização administrativa do país -, existem ainda 341 localidades com caraterísticas rurais e que são mesmo descritas como aldeias, mas que só são consideradas parte da zona urbana de um ponto de vista administrativo. A zona rural é constituída por todas as comunas da Roménia e está definida no artigo 5.º da Lei 2/1968: "A comuna é a unidade territorial administrativa que agrupa a população rural ligada por interesses e tradições comuns. Uma comuna é constituída por uma ou mais aldeias em função das condições económicas, sociais, culturais, geográficas e demográficas. A organização da comuna assegura o desenvolvimento económico e a gestão cultural e social das localidades rurais". A superfície da zona rural assim delimitada é de 212,7 mil quilómetros quadrados, o que representa mais de 89% do território nacional.

A maior área rural encontra-se na região nordeste (94,0% do território) e a maior população rural vive na região sul (55,7% da população). A região de Bucareste, que inclui a capital romena, Bucareste, é um caso especial. Nela reside 88,8% da população total da região. A população rural em torno da capital representa apenas 11,2% da população da região. A comuna é a unidade administrativa de base em cujo território é aplicada a política rural. As autoridades comunais são os parceiros locais das autoridades distritais e regionais na execução da política rural. O número de parceiros locais varia entre 267 municípios na região ocidental e 481 na região sul. A exceção é Bucareste, onde existem apenas 38 municípios. A população média de uma comuna é de 3.780 habitantes, mas existe uma grande diversidade de comunas na Roménia em termos de dimensão demográfica. Uma comuna é composta por várias aldeias. Em média, há 4,7 aldeias numa comuna. Mais de metade das comunas (55,4%) são constituídas por 1 a 4 aldeias e 6,2% das comunas têm mais de 10 aldeias. As aldeias variam muito em termos de número de habitantes. A sua dimensão vai desde as que têm poucos habitantes até às que têm mais de 7.000 a 9.000. No entanto, as aldeias com poucos habitantes são maioritárias, com uma população média de cerca de 800 habitantes.

A composição das aldeias, em termos de número de habitantes, e dos municípios, em termos de número de aldeias e de habitantes, tem uma influência considerável sobre o grau de fornecimento de equipamentos e serviços públicos à população. Os municípios com populações pequenas ou dispersas, ou com aldeias dispersas, são os que apresentam mais problemas em termos de serviços urbanos e os que registaram o maior declínio demográfico nas últimas décadas.

Etimologicamente, a palavra "rural" vem do latim "rurs", "ruris" e significa "cultivo", "campos", "território ocupado", "habitado", "desenvolvido" e "trabalhado pelo homem". No seu sentido mais lato, o termo "rural" refere-se aos campos (o campo), aos camponeses e, em geral, a todas as zonas e actividades não urbanas. O dicionário explicativo da língua romena atribui ao adjetivo rural o significado de: aldeias, referindo-se à aldeia.

Rural é mais do que um "estado de espírito", refere-se a uma parte da terra onde predominam florestas, campos, culturas e espaços verdes. Refere-se também a uma forma de utilização do solo e a um tipo de sociedade, principalmente agrícola.

O espaço rural é a expressão de um longo esforço do homem para pôr ao seu serviço as componentes físicas e geográficas do espaço e da natureza. É uma área que o homem moldou ao longo do tempo de acordo com as suas necessidades, que criou através do seu trabalho e que encheu com as suas criações humanas, e que é, portanto, uma verdadeira "obra-prima rural" do homem.

As zonas rurais estão em condições de preservar e restaurar o ambiente natural, porque existe uma menor pressão antropogénica ligada ao tipo de exploração económica e ao nível geral de desenvolvimento das forças produtivas. A vastidão das superfícies cultivadas, a ausência de grandes vias de comunicação, a insularidade das pequenas construções e dos animais são elementos que atestam a existência do espaço rural.

INDICADORES MACROECONÓMICOS PARA O DESENVOLVIMENTO RURAL SUSTENTÁVEL

[3]A conferência do Rio de Janeiro, em 1992, levantou pela primeira vez a questão de saber como medir os progressos no sentido do desenvolvimento sustentável. Em 1996, as Nações Unidas estabeleceram um quadro e uma metodologia com 134 indicadores, que estão atualmente a ser testados em 16 países. Em 1999, cerca de trinta países declararam ter criado os seus próprios programas de indicadores e utilizado as decisões das Nações Unidas sobre o desenvolvimento sustentável. Estes indicadores incluem indicadores demográficos (população, número de habitantes, taxa de crescimento, taxa de natalidade, esperança de vida, alfabetização), indicadores económicos (PIB) e indicadores ambientais (consumo de energia per capita). A principal medida do desempenho económico e social a nível mundial é o PIB (produto interno bruto), que corresponde à produção total de bens e serviços por uma economia num determinado território durante um período bem definido.

Um elemento-chave do desenvolvimento sustentável é a renda sustentável como indicador-chave do progresso económico e social, que representa, de facto, o nível máximo de consumo sem comprometer a riqueza futura. Requer uma série de correcções baseadas no PIB, que permitem medir a extensão da depreciação do capital natural resultante das actividades antropogénicas que conduzem à degradação do ambiente, bem como as despesas de prevenção e compensação. Medir o progresso económico e social na perspetiva de um desenvolvimento sustentável exige a adoção de um novo conjunto de critérios e indicadores que tenham em conta o facto de o PIB per capita já não poder exprimir, por si só, o bem-estar individual, uma vez que o mercado apenas avalia a eficácia em termos de valor financeiro, sem poder julgar os elementos sociais.

[4][5]São tidos em conta o Índice de Desenvolvimento Humano (IDH) das Nações

[3] *** Estratégias e políticas europeias de desenvolvimento sustentável, fonte : http://www.cse.uaic.ro/_fisiere/Documentare/Suporturi_curs/II_Strategii_si_politici_europene_de_dezvoltare_durab ila.pdf

[4] *** Índice de Desenvolvimento Humano, Sursa: http://www.eoearth.org/article/Human_Development_Index

[5] *** Índice de Prosperidade Económica Sustentável -ISEW Sursa :

Unidas, o Índice de Bem-Estar Económico Sustentável (ISEW) e o consumo de cereais per capita.

[6]A literatura especializada apresenta uma lista de indicadores de trabalho para o desenvolvimento sustentável, que inclui os seguintes indicadores: Indicadores de Força Motriz (DFIs), Indicadores de Estado (SIs) e Indicadores de Resposta (RIs), baseados em factores sociais, económicos e ambientais.

1. Os factores sociais determinantes na luta contra a pobreza incluem: indicadores do tipo DFI - taxa de desemprego e indicadores do tipo IS - índice de pobreza/capita.

Os factores sociais determinam a dinâmica e a sustentabilidade demográficas e incluem indicadores DFI como as taxas de crescimento da população, as taxas líquidas de migração, a taxa de fertilidade total e o tipo de SI, a densidade populacional.

Os determinantes sociais para a promoção da educação, a sensibilização do público e a formação profissional incluem indicadores como o DTI - a taxa de variação da população em idade escolar, a taxa de matrícula no ensino primário (bruta e líquida), a taxa de matrícula no ensino secundário (bruta e líquida), a taxa de educação de adultos ; indicadores do tipo SI, como a duração média dos estudos, as diferenças entre os géneros e o número de mulheres por cada 100 homens, bem como um indicador das despesas de educação em relação ao PIB.

Factores sociais para a proteção e promoção da saúde humana: indicadores SI - saneamento, percentagem da população com instalações sanitárias adequadas, acesso a água potável, esperança de vida à nascença, taxa de mortalidade infantil; indicadores IR, como a imunização contra doenças infecciosas em crianças, taxas de contraceção, despesas nacionais de saúde com cuidados de saúde locais e despesas totais de saúde em proporção do PIB.

Os factores sociais que favorecem o desenvolvimento de aglomerados humanos sustentáveis incluem indicadores do tipo DLI - taxa de crescimento da

gtp://en.wikipedia.org/wiki/Sustainable_economic_support_dex

[6] John Waller-Hunter, janeiro de 2000- "*Moving Environmental Economics*", Liber Amicorum para Michel Potier, OCDE - Direção do Ambiente, Paris

população urbana, consumo de combustíveis fósseis/automóveis, perdas económicas e humanas devidas a catástrofes naturais; indicadores do tipo SI - percentagem da população que vive em zonas urbanas, população que vive em aglomerados humanos formais e informais, espaço habitacional por pessoa, rácio entre os preços das casas e o rendimento e tipo de despesa do IR por pessoa em infra-estruturas.

2. Factores económicos relacionados com o grau e o ritmo de desenvolvimento, incluindo o DFI - PIB per capita, o investimento líquido em proporção do PIB, a soma das exportações e das importações em proporção do PIB, o IS-PIN (produto interno líquido economicamente ajustado) de tipo ecológico, a parte dos bens de elevado valor acrescentado nas exportações totais. Os factores económicos ligados às mudanças nas tendências de consumo incluem indicadores do tipo DTI do consumo anual de energia, a parte das indústrias intensivas em recursos no valor acrescentado produzido, indicadores IS - certas reservas minerais, certas reservas de combustíveis fósseis, a parte do consumo de energia que é renovável. Os factores económicos relacionados com os recursos e mecanismos financeiros pertencem aos indicadores DFI sobre : Transferência líquida de rendimentos / PNB, investimento direto estrangeiro, SI devedores / devedores / PIB, serviços de débito / exportação; indicadores económicos do tipo RI despesas com proteção ambiental, em percentagem do PNB, montante de financiamento novo ou adicional para o desenvolvimento sustentável, subvenções à cooperação económica.

3. Os factores ambientais de proteção da qualidade e do abastecimento de água doce incluem indicadores do tipo DFI - consumo doméstico de água per capita, indicadores do tipo IS - reservas de água subterrânea e indicadores do tipo IR - capacidade de tratamento de águas residuais.

Os factores ambientais para a gestão dos recursos terrestres incluem indicadores como IFD - alteração da utilização das terras, IS - alteração da qualidade dos solos, IR - descentralização da gestão dos recursos para o nível local. Os factores ambientais para a gestão de ecossistemas sensíveis - combate à desertificação e à seca - incluem indicadores como DFI - população que vive abaixo do limiar de pobreza em zonas áridas, alteração da população em zonas de montanha e IS - utilização sustentável dos recursos em zonas de montanha. Os factores ambientais para a promoção da agricultura sustentável e do desenvolvimento rural incluem indicadores como DFI - utilização de pesticidas, utilização de fertilizantes, percentagem de terras irrigadas em relação à área agrícola total, consumo de energia na agricultura, indicadores do tipo SI - área de vida per capita, áreas afectadas - salinização e murchidão, e indicadores como IR - formação agrícola.

Os factores ambientais para a luta contra a desflorestação incluem a proporção de espécies IS ameaçadas em relação ao número total de espécies autóctones e a proporção de áreas protegidas por IR em relação à superfície total. Os factores ambientais para a gestão da biotecnologia ambiental incluem as despesas de I&D em biotecnologias de IV e a eficácia das regras de biossegurança. Os factores ambientais para a proteção da atmosfera incluem as emissões de gases com efeito de estufa do IFD, as emissões de óxido de enxofre, as emissões de óxido de azoto, o consumo de substâncias que empobrecem a camada de ozono (ODS), os poluentes do tipo S na atmosfera, nas zonas urbanas e os indicadores de custos do IR com a redução da poluição atmosférica. Os factores ambientais relacionados com a gestão dos resíduos sólidos e as questões relativas às águas residuais incluem os indicadores DFI para os resíduos sólidos industriais e urbanos, os resíduos domésticos/municipais, os indicadores IR para os resíduos com gestão de resíduos, reciclagem e reutilização de resíduos e eliminação de resíduos. Os factores ambientais para a gestão de resíduos tóxicos incluem IS - envenenamento por produtos químicos tóxicos e IR - número de produtos químicos proibidos e estritamente limitados. Os factores ambientais para uma gestão ambientalmente correta dos resíduos incluem indicadores DFI, como a produção de resíduos perigosos, a importação e exportação de resíduos perigosos, indicadores HI de contaminação por resíduos perigosos e custos RI do tratamento de resíduos perigosos.

Alguns indicadores são utilizados para caraterizar macroeconomicamente o nível de desenvolvimento rural da região Sud-Munténia.

Capítulo 2 CONDIÇÕES E FORMAS ESPECÍFICAS PARA A DESENVOLVIMENTO DAS ZONAS RURAIS NO SUL DE MUNIQUE

O desenvolvimento rural refere-se às mudanças nas zonas rurais e às formas específicas que apoiam essas mudanças, como as infra-estruturas técnicas e sociais.

Zona rural da região do Sul da Munténia

Em 2012, o espaço rural da região era constituído administrativamente por 7 distritos, 519 municípios e 2 019 aldeias. Ao contrário do meio urbano, que se caracteriza pelo perfil das actividades económicas, pela estrutura profissional e pelos recursos disponíveis, o meio rural desempenha um papel especial na vida económica e social da região graças ao seu potencial de desenvolvimento. A estrutura das povoações na região da Morávia do Sul é apresentada no quadro 1.

Quadro 1: Estrutura das localidades na região sul de Munique, 2012

Development region/county	Total surface sq km m^2	Number of towns and municipalities /%	Of which: municipalities	Number of communes/ %	Number of villages/ %
Romania	238.391/ 100.00	320/100.00	103/ 100.00	2.860/ 100.00	12.956/ 100.00
South - Muntenia	34.453/14.45	48/15.00	16/15.53	519/18.14	2.019/ 15.58
Argeş	6.826	7	3	95	576
Călăraşi	5.088	5	2	50	160
Dâmboviţa	4.054	7	2	82	353
Giurgiu	3.526	3	1	51	167
Ialomiţa	4.453	7	3	59	127
Prahova	4.716	14	2	90	405
Teleorman	5.790	5	3	92	231

Tratado de acordo com: Anuário Estatístico Romeno de 2012, INS

População da região da Morávia do Sul - população rural. Um recurso potencialmente importante para o desenvolvimento das comunidades rurais, a população rural da região totalizou 1.925.334 em 2012, representando 58,6% da população total.

A população rural da região, que se caracteriza por um declínio contínuo, segue a tendência nacional: em 2012, o número de habitantes das zonas rurais era inferior em 31 802 ao de 2008. A percentagem da população total da região que vive em zonas rurais manteve-se inalterada em 2012. Foi registada a mesma percentagem que em 2008, 58,6%. [7]A evolução natural da população da região após 2004 foi marcada por um aumento da taxa de natalidade (9,4% dos nados vivos em 2008, 9,6% em 2012) e uma ligeira diminuição da taxa de mortalidade (13% das pessoas morreram em 2012, 12,8% em 2009, 13% em 2012), ambos em linha com a tendência nacional . No que diz respeito ao aspeto territorial, os condados de Lalomita, Cal a nisi e Giurgiu registam uma taxa de natalidade de 11,9%, que em 2012 foi de 11,2% em Lalomita e 10,0% em Calara^i e Giurgiu. Os condados de Teleorman e Giurgiu registam as taxas de mortalidade mais elevadas, com 16,8% e 15,7%, respetivamente, acima da média regional de 13% de pessoas que morrem. Um dos factores que contribuem para o declínio da população na região meridional de Muntinia é a emigração, tanto dentro como fora da região. As alterações na estrutura socioeconómica da Roménia conduziram a uma intensa mobilidade territorial da população, o que tem um impacto direto na modificação do número e da estrutura sociodemográfica da população em termos territoriais. No que diz respeito à migração interna, o fluxo urbano-rural representa a maior parte da migração. O segmento mais móvel da população é a população urbana que migra para as zonas rurais.

Na região do Sul da Munténia, o número de pessoas que mudaram de habitação em 2012 aumentou em 1 170 pessoas em relação a 2008.[8]

---

[7] Com base no Anuário Estatístico da Roménia de 2012, INS
o mesmo

O principal fator de declínio da população rural foi a emigração, um fenómeno que teve um impacto considerável na evolução do número de pessoas que vivem nas zonas rurais e na sua estrutura demográfica. Outro fator demográfico que teve um impacto significativo na dinâmica da população rural e na dimensão das comunidades rurais da região foi o aumento natural negativo. O declínio da população rural foi acompanhado de um envelhecimento determinado por uma série de factores demográficos e socioeconómicos. A mão de obra rural é específica da economia rural, dominada pelo sector primário, que constitui um dos principais recursos para o desenvolvimento rural. A população rural trabalha principalmente na agricultura como mão de obra familiar e tem um nível de instrução inferior ao da população urbana. Como mostra o quadro 2, a taxa de emprego é mais elevada nas zonas rurais do que nas zonas urbanas e a taxa de desemprego é mais baixa.

A mão de obra rural é específica da economia rural, dominada pelo sector primário, que constitui um dos principais recursos para o desenvolvimento rural. A população rural está maioritariamente empregada na agricultura como mão de obra familiar e tem um nível de instrução inferior ao da população urbana. Como mostra o quadro 2, a taxa de emprego é mais elevada nas zonas rurais do que nas cidades e a taxa de desemprego é mais baixa.

Quadro 2 Taxas de desemprego nas zonas urbanas e rurais (%)

Year	Occupancy rate[1]			Unemployment rate BIM[2]		
	TOTAL	RURAL	URBAN	TOTAL	RURAL	URBAN
2008	58,1	60,6	55,0	9,5	7,4	12,5
2009	58,1	61,8	53,6	9,2	6,8	12,6
2010	59,6	63,0	55,7	9,4	7,2	12,4
2011	60,5	64,3	56,0	8,2	6,2	11,1
2012	61,1	64,4	57,2	6,8	5,6	8,5

Tratado de acordo com: Anuário Estatístico Romeno de 2012, INS

[1] Calculado em relação à população ativa (15-64 anos)

[2] BIM = Bureau Internacional do Trabalho

O efeito positivo da elevada taxa de emprego e da baixa taxa de desemprego não pode compensar outros factores específicos do emprego que têm um impacto negativo no nível de vida, como a elevada proporção da população empregada na agricultura, a natureza sazonal desta atividade, etc. A elevada taxa de emprego atual nas zonas rurais é determinada pelo baixo nível de equipamento tecnológico da agricultura, o que faz com que a população rural desenvolva actividades de baixa produtividade que geram poucos rendimentos.

Por grupo etário, a taxa de emprego é muito mais elevada nas zonas rurais para os jovens (15-24 anos - 35,6%) e para os idosos (mais de 65 anos - 25,3%). Em 2012, a proporção de jovens activos (15-24 anos) era de 35,6% nas zonas rurais, contra apenas 22,9% nas zonas urbanas. Nas zonas rurais, a principal atividade é a agricultura, que representava 35,5% do número total de pessoas activas na região em 2012. A mão de obra rural caracteriza-se igualmente pelo seu baixo nível de educação, o que tem um impacto na produtividade e no nível de vida. No que respeita à mão de obra rural, a análise da repartição por grupos etários revela uma tendência para o envelhecimento.

As infra-estruturas são um elemento particularmente importante no apoio a todas as actividades económicas e socioculturais nas zonas rurais.

Enquanto elemento essencial do sistema económico, a infraestrutura é o fator que liga todos os outros elementos do sistema. As infra-estruturas incluem

É o sistema estrutural que dá unidade ao sistema e ao domínio espacial, conseguindo assim uma configuração territorial viável ou não, materializada por diferentes níveis de acessibilidade. É, de facto, o sistema circulatório do corpo económico e social que se individualiza num espaço bem definido como é o espaço regional. Graças à sua localização geográfica vantajosa, a região do sul da Munténia caracteriza-se por uma infraestrutura bem estruturada. A sua localização numa região periférica da Roménia favoreceu o aparecimento de importantes vias de comunicação que permitiram o desenvolvimento das suas relações não só com as regiões nacionais vizinhas, mas também com a vizinha

Bulgária. Além disso, a configuração da região em torno da região de desenvolvimento de Bucareste-Ilfov levou à criação de uma densa infraestrutura de transportes e comunicações, que é uma extensão da infraestrutura desenvolvida em Bucareste, o principal centro urbano e administrativo.

Infra-estruturas de transporte : a estrutura da rede rodoviária pública, como indicado no quadro

O número 3, que se reflecte principalmente na quota da rede rodoviária modernizada em relação a todas as estradas municipais e distritais, mostra valores mais baixos para os distritos da zona sul do que para os distritos do norte. Enquanto a percentagem de estradas municipais e distritais a nível distrital é de 14,56%, é de 26,39% no distrito de Arges, seguido pelos distritos de Prahova (20,35%) e Dambovita (15,00%). Em relação ao nível global das estradas regionais e municipais valorizadas na região Sud-Manche, as estradas regionais e municipais valorizadas representam 13,00%. A densidade de estradas públicas por 100 km2 de superfície é de 44,4 na circunscrição de Arges, 46,4 na circunscrição de Prahova e 43,4 na circunscrição de Dambovita. Nos condados de Giurgiu, Lalomita, Calarasi e Telorman, este indicador é inferior ao valor regional. A rede rodoviária nacional, que foi amplamente modernizada, proporciona boas ligações, nomeadamente entre os centros urbanos da região e as zonas rurais.

Quadro 3 Estrutura das estradas públicas na Roménia e na região do Sul do Munique, 2012

Development region/country	Public roads – total km	From total public roads:				Density of public roads on 100 km² territory
		National road including European km	County and commune roads Km/%	Of which:		
				Modernized Km/%	With light road pavement km	
România	81.693	16.599	65.094/100.0	7.782/100.0	21.366	34,3
South - Muntenia	12.574	2.786	9.788/15.0 /100.00	1.394/17.9 /100.00	3.711	36,5
Argeş	3.384	586	2.798/28.59	92	939	49,6
Călăraşi	1.317	497	820	36	314	25,9
Dâmboviţa	1.865	361	1.504/15.37	129	675	46,0
Giurgiu	1.139	307	832	315/22.60	176	32,3
Ialomiţa	1.155	352	803	74	384	25,9
Prahova	2.189	293	1.896/19.37	239/17.14	1.069	46,4
Teleorman	1.525	390	1.135	509/36.51	154	26,3

Tratado de acordo com: Anuário Estatístico da Roménia, 2012,INS

No final de 2012, a extensão das estradas públicas no Sul do país era de 12 574 km, o que coloca a região em segundo lugar, com 15,3% da extensão total do país.

O estado técnico é largamente insuficiente, o que dificulta o acesso das populações rurais das comunas rurais à rede rodoviária rural (nomeadamente na parte sul da região). A rede de estradas departamentais e municipais nas zonas rurais foi melhorada em termos de quantidade e de qualidade durante o período 2004-2012, graças ao financiamento europeu no âmbito do programa SAPARD, medida 2.1 "Desenvolvimento e melhoria das infra-estruturas rurais". A rede rodoviária internacional liga as vias públicas do distrito e dos seus municípios à economia nacional e internacional. [9]As principais vias internacionais que atravessam a região e que facilitam o acesso à região a nível nacional e internacional são : E70; E81; E574. A região beneficia igualmente das auto-estradas A1 (Bucareste-Pitesti) e A2 (Bucareste-Constanta). A ponte ferroviária/rodoviária Fetesti-Ceriuivoda e a ponte rodoviária Giurgeni-Vadu Oii asseguram as ligações com o porto marítimo de Constanta e o acesso ao mesmo através do Danúbio.

[22]Em comparação com a superfície da região, a densidade das linhas ferroviárias é de 36,3 km/1000 km, o que é inferior à média nacional de 45,2 km/1000 km. A rede ferroviária mais densa encontra-se nos condados de Lalomita (65,8 km/1000 km2) e Teleorman (39,9 km/1000 km2), tendo o condado de Giurgiu o valor mais baixo (13,3 km/1000 km2). [10]As linhas ferroviárias electrificadas da região têm 439 km de comprimento (6º lugar a nível nacional), com uma percentagem de 35,09% do total de linhas ferroviárias, abaixo da média nacional de 36,84%. A região é atravessada pelas principais linhas de caminho de ferro do país, o que lhe confere uma vantagem real na ligação com as grandes zonas e centros urbanos do país e na rapidez dos transportes. A linha mais longa que atravessa a região é a que faz a ligação com o principal porto marítimo do país, Constanta.

Transporte marítimo. O Danúbio é a única via de navegação, uma vez que a rede hidrográfica da região não permite o transporte marítimo. As trocas comerciais com os países vizinhos efectuam-se através dos portos do Danúbio de Giurgiu, Oltenita, Calarasi, Zimnicea e Turnu Magurele, situados na principal

---

[9] *** Mapa rodoviário, fonte: http://www.hartaromanieionline.ro/

[10] Fonte: *Anuário Estatístico da Roménia, 2012*, INS

artéria marítima da Europa. Esta via de transporte oferece um verdadeiro potencial de desenvolvimento rural, capitalizando a exportação de produtos agrícolas. O deficiente equipamento tecnológico, moral e físico dos portos fluviais e a redução progressiva da sua atividade são factores que contribuíram para uma redução da utilização do potencial de transporte existente, o meio de transporte mais barato, com um impacto desfavorável nas comunidades e aldeias vizinhas próximas dos centros portuários.

Infra-estruturas de comunicação. As comunicações incluem os serviços postais e telefónicos, a telefonia fixa e móvel e as comunicações electrónicas - Internet: O sistema regional de telecomunicações, que registou uma evolução positiva nos últimos anos, tanto em termos de cobertura como de qualidade, oferece atualmente aos habitantes da região um melhor e mais rápido acesso à rede nacional e internacional de telecomunicações. O programa de investimentos nesta área, ao dotar as centrais telefónicas de equipamentos modernos e de elevado desempenho e ao melhorar as infra-estruturas de transporte de informação, tem contribuído para aumentar o número de beneficiários e o volume de informação, incluindo nas zonas rurais onde existe uma carência significativa destes serviços. Comparativamente a 2000, ano em que a região dispunha de 494.351 linhas telefónicas, o número aumentou para 519.328 em 2012, representando 10,31% do total de linhas telefónicas do país.[11]

Infra-estruturas da rede e distribuição de água potável e de águas residuais Rede e distribuição de água potável. A maioria das localidades da região é abastecida de água por um sistema central, tendo como fontes de abastecimento as águas superficiais e as águas subterrâneas. Em 2008 e 2012, a rede de distribuição de água potável da região apresentava a seguinte estrutura de distribuição segundo as zonas residenciais (urbanas e rurais): Das 567 localidades (comunas, cidades, comunidades) da região Sud-Manche em 2010, 337 estão equipadas com instalações centrais de distribuição de água potável, representando 59,44% a nível regional e 16,86% a nível nacional. A rede regional

[11] Baseado em : *Anuário Estatístico da Roménia 2012, INS*

de distribuição de água potável tem um comprimento total de 9.058 km, o que corresponde a 17,82% do comprimento simples das redes existentes a nível nacional. É de referir que 85,76% das localidades rurais são abastecidas com água potável, o que é superior à percentagem de 14,24% para a área urbana da região no seu conjunto. Os distritos com mais povoações rurais equipadas com redes de água potável são Arges com 69 povoações (23,88%), Prahova com 64 povoações (22,14%) e Dambovita com 46 povoações (15,92%). A nível distrital, o distrito de Prahova está em primeiro lugar, com 2874 km (31,73%) de rede de distribuição de água potável e 78 localidades beneficiárias (23,14%), seguido dos distritos de Arges e Dambovita, que estão acima dos distritos do sul da região.

Das 567 localidades (comunas, cidades, comunidades) da região, 355 estão equipadas com instalações centrais de abastecimento de água potável, o que representa 62,61% a nível regional e 16,72% a nível nacional. A rede regional de abastecimento de água potável tem um comprimento total de 9.817 km, o que representa 17,28% do comprimento das redes existentes a nível nacional. É de salientar a quota de 86,48% das localidades rurais no abastecimento de água potável, superior à quota de 13,52% das zonas urbanas no conjunto da região. De notar que os valores da rede de distribuição de água são mais elevados nos concelhos de Arges e Dambovita do que nos concelhos do sul da região. Os distritos com mais habitações rurais equipadas com redes de água potável são Arges com 71 localidades, Prahova com 67 localidades e Dambovita com 51 localidades. A nível regional, o distrito de Prahova está em primeiro lugar, com 2 620 km de rede de água potável e 81 localidades beneficiárias. Uma das caraterísticas gerais das redes de abastecimento de água potável, nomeadamente nas zonas urbanas, é a sua idade e o seu elevado grau de desgaste, o que tem consequências importantes para a satisfação das necessidades de água potável da população. Deste ponto de vista, a população rural não dispõe de condições de vida aceitáveis e é obrigada a abastecer-se de água potável noutras fontes (poços, nascentes) que nem sempre fornecem água potável suficiente.

A população rural obtém a sua água potável a partir de fontes individuais ou colectivas, como poços ou nascentes, para completar a rede de distribuição.

A melhoria quantitativa e qualitativa da rede de distribuição de água potável nas zonas rurais foi financiada durante o período 20022008 por fundos europeus no âmbito do programa SAPARD, medida 2.1 "Desenvolvimento e melhoria das infra-estruturas rurais".

Numa área relativamente pequena da região, as redes de saneamento de apenas 12,00% do total do país cobrem um total de 85 localidades. Existem redes de saneamento em 45 cidades e 40 localidades rurais, representando 52,94% da região em zonas urbanas e 47,06% em zonas rurais.

O comprimento total das condutas públicas de esgotos na região é de 2.224 km, o que corresponde a 11,96% do nível nacional. A maioria das aldeias rurais com rede de esgotos situa-se no distrito de Prahova, com 22 povoações, no distrito de Arges, com 11 povoações, e no distrito de Dambovita, com 4 povoações. Nos condados do sul, a rede de esgotos é quase inexistente: nos condados de Calarasi, Giurgiu e Teleorman, está presente em apenas uma das cidades, enquanto no condado de Ialomita, nem uma única localidade dispõe de rede de esgotos.

O comprimento total das condutas públicas de águas residuais na região é de 2.224 km, ou seja, 11,96% do comprimento nacional.

A maior parte das aldeias rurais com rede de esgotos situa-se nas circunscrições de Prahova (22 localidades), Arges (11 localidades) e Dambovita (4 localidades). As circunscrições de Calarasi, Giurgiu e Teleorman apenas dispõem de esgotos numa das suas localidades, enquanto a circunscrição de Ialomita não dispõe de esgotos em nenhuma das suas localidades. Os sistemas de saneamento de águas residuais domésticas são bastante reduzidos na região, representando apenas 11,45% do total do país. A rede de esgotos está presente em 87 localidades, das quais 45 cidades e 42 localidades rurais, sendo que 48,27% das localidades rurais e 51,73% das localidades urbanas são canalizadas.

A extensão total dos colectores públicos da região é de 2 218 km, ou seja, 11,38% da extensão nacional. A maioria das aldeias rurais com rede de esgotos situa-se nos seguintes distritos: Prahova com 23 povoações, Arges com 12 povoações e no distrito de Dambovita com 4 povoações. Nos condados do sul, a rede de esgotos é quase inexistente: nos condados de Calarasi, Giurgiu e Teleorman, está presente em apenas uma localidade, enquanto o condado de Ialomita não tem rede de esgotos em nenhuma localidade. A melhoria quantitativa e qualitativa da rede de esgotos nas zonas rurais foi financiada por fundos europeus durante o período 2002-2008, no âmbito do programa SAPARD, medida 2.1 "Desenvolvimento e melhoria das infra-estruturas rurais".

Os dados estatísticos são apresentados no quadro 2.13: A rede de gás natural, que tem 4 993 km (15,64%) de um total nacional de 31 927 km, serve 145 localidades, incluindo 43 comunas, cidades e 102 municípios. A expansão está a avançar lentamente devido aos elevados custos envolvidos. A percentagem de localidades que beneficiam da rede de gás natural é de 17,79% a nível regional em comparação com o nível nacional. Nas zonas rurais, esta percentagem é de 70,35% na região, a maior parte das quais se situa nas cidades e municípios do distrito de Prahova (50 localidades). Este facto deve-se à presença de gás natural nesta região. O menor número de localidades ligadas à rede de gás natural encontra-se nos distritos do sul do país. Nas zonas rurais, o número de localidades onde o gás natural é distribuído para os distritos da zona norte da região totaliza 94 localidades, ou seja, 92,16% do total da região, e o número total de localidades com rede de gás natural na zona norte da região ascende a 121 localidades num total de 145 localidades, ou seja, 83,45%. Estes dados de diferenciação podem estar relacionados com os recursos de gás natural explorados nestes distritos.

A distribuição de energia térmica num sistema centralizado, que prevalece sobretudo nos centros urbanos e que tem vindo a diminuir nos últimos anos devido aos elevados custos de produção e de transporte, tende a ser substituída por sistemas mais pequenos e mais eficientes.

A rede de distribuição de eletricidade é 99% segura a nível regional e 100% segura nas zonas urbanas, enquanto nas zonas rurais ainda há áreas onde a rede precisa de ser alargada.[12] [13]

A infraestrutura de irrigação é a componente da infraestrutura específica das plantas que contribui decisivamente para reduzir os factores climáticos limitantes do défice hídrico do solo, optimizando o regime hídrico do solo em zonas onde os fenómenos de seca e aridez se tornaram cada vez mais frequentes e pronunciados nos últimos dez anos. As zonas com défice hídrico ocupam grandes sectores da planície romena, e os principais sistemas de irrigação modernos nos condados da planície do sul da Roménia estão localizados nas seguintes regiões Braila-Terrasse; Lalomita-Calmatui (mais recentemente); Pietroiu-Stefan cel Mare; Galatui-Calarasi; Grease; Giurgiu-Razmiresti; Olt-Calmouth. As zonas de interesse para a região sul de Munique são Lalomita-Calmatui, Pietroiu-Stefan cel Mare, Galatui-Calarasi, Mostiste, Giurgiu-Razmiresti e Olt-Calmatui, que são geridas pela ANIF13 através da sucursal de Olt-Arges e da sucursal de Arges-lalomita.

O ramo Arges-Ialomita-Siret gere uma superfície irrigada de 690 964 ha. Do total da área irrigada, 502 964 ha foram identificados como colónias que podem ser colocadas em serviço através de trabalhos de reparação, incluindo: Braila-275.401 ha; Lalomita-116.576 ha; Calarasi-102.207 ha; Vrancea-8.780 ha. [14]Os dois ramos territoriais Olt-Arges e Arges-Ialomita-Siret fornecem as infra-estruturas de irrigação para uma superfície total de 1 371 571 ha .

Infra-estruturas sociais. As infra-estruturas sociais nos domínios da habitação, da educação e da saúde são um aspeto importante do desenvolvimento da região, incluindo as zonas rurais.

O parque habitacional é constituído por edifícios residenciais e edifícios residenciais colectivos. Os edifícios de habitação rural incluem igualmente certos anexos que têm uma dupla função: habitação e/ou trabalho. O fundo de habitação é detido por proprietários privados ou principalmente pelo Estado.

Os dados relativos ao fundo de habitação revelam uma dinâmica variável, mas

[12] ***Plano de Desenvolvimento Regional Fonte: http://www.adrmuntenia.ro/documente/1195475713_1.pdf
[13] *** ANIF. Fonte: http://ro.wikipedia.org/wiki/ANIF
[14] *** ANIF Gazzette of land improvment, revisão trimestral Ano III, n° 1 (9) janeiro-março 2009, página 18

extremamente fraca, tanto a nível nacional como na região Sud-Muntenia. Note-se que na região Sud-Muntenia, em comparação com o nível nacional, a percentagem de habitações rurais é mais elevada do que nas zonas urbanas, com 60,60% para as zonas rurais e 39,40% para as zonas urbanas em 2008. Para a região Sud-Muntenia, mas a nível nacional, a percentagem é de 45,74% para as zonas rurais e 54,26% para as zonas urbanas.

De acordo com o tipo de propriedade, o maior número de fogos, tanto a nível nacional como regional, é propriedade privada, ou seja, dos 8 176 487 fogos a nível nacional, 7 976 870 fogos são propriedade privada, e na região a sul de Munique, dos 1 267 177 fogos, 1 246 370 fogos são propriedade privada. A mesma interpretação dos dados estatísticos sobre a percentagem de habitações de propriedade privada, consoante o ambiente residencial, urbano e rural, é semelhante ao número total de habitações mencionado no primeiro parágrafo, ou seja, no ambiente rural, a percentagem é superior a 60,60%, em comparação com o ambiente urbano de 39,40%, para 2008, à semelhança dos anos anteriores.

A dinâmica crescente da construção de novas habitações nas zonas rurais pode ser associada à dinâmica da mobilidade da população e à importância económica crescente da atividade agrícola a nível da sociedade.

Infra-estruturas educativas. O sistema educativo, tanto a nível nacional como no Sul da Munténia, inclui a infraestrutura educativa representada pelos edifícios onde se realizam as actividades educativas, ou seja, jardins de infância, escolas, liceus, faculdades e estabelecimentos de formação profissional e de ensino especial. Os dados apresentam a situação das infra-estruturas educativas em 2008 de forma cumulativa para os diferentes níveis de ensino nas zonas urbanas e rurais, de modo a que as avaliações sejam expressas em conformidade. Assim, em comparação com o nível nacional, a percentagem de unidades educativas na região é de 3,12% para o ensino primário e de 17,93% para o ensino secundário. Note-se que a proporção de 17,83% de escolas no ensino secundário e primário a nível regional é superior ao hipotético valor médio nacional de 11,11%, registando-se o maior número de jardins-de-infância no distrito de Prahova com

54 unidades, o distrito e a maioria das escolas secundárias com 183 escolas, bem como a maioria das escolas secundárias em toda a região, 49 escolas secundárias e 7 escolas pós-secundárias. O distrito de Arges, no entanto, destaca-se pelo maior número de faculdades, com 2 unidades de ensino superior. Pode dizer-se que as infra-estruturas escolares estão bem representadas a nível regional e podem apoiar o bom desenvolvimento da Lei de Bases da Educação, embora se deva mencionar que nas zonas rurais este tipo de infra-estruturas sociais pode ser considerado insuficiente para o processo de desenvolvimento rural, o que exige uma reestruturação das estruturas escolares e projectos de investimento de acordo com as exigências e necessidades locais.

As infra-estruturas sanitárias são constituídas por estabelecimentos de saúde e de cuidados de saúde, incluindo hospitais, policlínicas, centros de diagnóstico e de tratamento, consultórios médicos e farmácias rurais, bem como outros estabelecimentos de saúde públicos e privados. Hospitais e dispensários hospitalares especializados, centros de saúde, sanatórios de tuberculose, spas, estabelecimentos de prevenção, unidades médico-sociais, centros de diagnóstico e de tratamento, farmácias escolares e de estudantes, consultórios médicos civis, consultórios médicos especializados, dentistas escolares e de estudantes, consultórios dentários, consultórios médicos civis especializados, postos de farmácia, jardins de infância,

Laboratórios médicos, laboratórios dentários, centros de transfusão de sangue, outros estabelecimentos médicos.

As infra-estruturas sanitárias da região Sud-Manche correspondem a 14,19% do nível nacional no que se refere às instalações hospitalares e a 20,18% no que se refere aos dispensários médicos, enquanto a taxa relativa aos centros médicos especializados é de apenas 3,79% e uma taxa baixa de 10,55% é registada para outras unidades de saúde. Os valores mais elevados em termos de número de unidades de saúde por distrito são registados nos distritos da parte norte da região, Prahova, Arges e Dambovita. A parte sul da Munténia tem atualmente o sistema médico menos desenvolvido (4,8 camas de hospital por 1 000 habitantes no final de 2012, em comparação com 6,4 camas de hospital por 1 000 habitantes - a média nacional), com grandes diferenças entre os vários distritos. Os dados apresentados mostram que as infra-estruturas de saúde nas zonas rurais são muito insuficientes, exigindo grandes investimentos no âmbito de projectos financiados por vários programas de desenvolvimento.

A agricultura está presente em todos os distritos da região. A região possui condições naturais favoráveis e um grande potencial de desenvolvimento agrícola. Os dados mostram que a percentagem de terras agrícolas na região sul de Munique é 71% superior à percentagem nacional de 61%, o que pode ser explicado pelas condições do relevo, onde predominam as planícies e colinas com grandes áreas de terras agrícolas. A percentagem de florestas, 20% contra 28% a nível nacional, distingue-se das outras categorias de utilização dos solos, 3% contra 4% para a água e 6% contra 7% para as outras categorias de utilização dos solos.

Os valores relativos à parte das pastagens são mais baixos, 12% para a região contra 23% para o conjunto do país, e o mesmo nível mais baixo é mantido para os prados de feno, que representam 4% contra 10% para o conjunto do país. As vinhas e os pomares representam 1% e 2%, respetivamente. Isto mostra a importância das culturas arvenses na economia da região, mas também o carácter complementar de actividades agrícolas como a arboricultura, a viticultura e, evidentemente, a pecuária, que constitui uma base forrageira importante. A superfície agrícola total da região

A região, com uma superfície de 2.444.000 ha, representa 70,9% da superfície total, sendo o restante constituído por florestas (19,7%) e rios e lagoas (2,9%). Do total da superfície agrícola, as terras aráveis representam a maior parte, com 80,7%, seguidas das pastagens e prados, com 11,8%, e das vinhas e pomares, com 3,01%.

Capítulo 3 **AVALIAÇÃO DO POTENCIAL DA REGIÃO SUL DE MUNIQUE PARA A MELHORIA DAS ESTRATÉGIAS DE DESENVOLVIMENTO RURAL**

O processo de desenvolvimento e de implementação da estratégia baseou-se no estudo e na análise de certos aspectos caraterísticos e importantes da região em termos de recursos económicos e sociais e de diversidade, salientando a necessidade de reavaliar o potencial da região sul de Munique, cuja quantificação e especificidade foram apresentadas nos capítulos anteriores.

A estratégia elaborada com base na reavaliação do potencial da região fornece um quadro coerente, lógico e complexo para o seu desenvolvimento futuro, com o objetivo de orientar as comunidades locais de modo a que as acções e actividades necessárias para criar uma região dinâmica e próspera se concentrem nas áreas-chave de desenvolvimento.

A estratégia integrada para o desenvolvimento sustentável da região sul de Munique, apresentada no documento, constituirá uma projeção para o próximo período, ou seja, 2015, para o desenvolvimento das zonas rurais de forma equilibrada e será proposta às autoridades envolvidas a nível regional. [15][16]O Conselho de Desenvolvimento do Sul de Munique e os Conselhos de Condado contribuem para a implementação da política de desenvolvimento. A estratégia aborda uma vasta gama de questões económicas, sociais e ambientais relevantes para a definição dos objectivos necessários para alcançar um desenvolvimento sustentável e reforçar a coesão económica e social na região. Através da sua estrutura e conteúdo, visa alcançar um desenvolvimento económico integrado e equilibrado na região, adaptado às mudanças económicas.

Na sequência de uma análise dos programas de financiamento de projectos de desenvolvimento rural com impacto social e económico, constatei que a estratégia de desenvolvimento rural para a região de Munténie Sul deveria incluir medidas e indicadores de desenvolvimento a um nível integrado que

15 *** Organigrama da RDA Sud-Munténia, fonte: http://www.adrmuntenia.ro/doc1/pdf/Organigrama_ADR.pdf
16 *** Associação Nacional dos Conselhos Distritais da Roménia, fonte: http://www.uncjr.ro/inside.php?key=4d1b2b62515d0

remetessem para os seguintes elementos

- Estratégia de desenvolvimento de infra-estruturas para a zona ;
- Estratégia de desenvolvimento das PME na região de Muntneia do Sul ;
- Estratégia de proteção ambiental para a região meridional de Müntenia;
- Estratégia e programas para melhorar o nível nutricional (qualitativo e quantitativo) das populações rurais da região Sud-Muntenia.

AVALIAÇÃO DO POTENCIAL ECONÓMICO E SOCIAL DA REGIÃO SUL DE MUNIQUE COM BASE NUMA ANÁLISE SWOT

Com base na identificação das principais direcções e prioridades estratégicas, utilizámos a análise SWOT como parte da reavaliação do potencial da região sul de Munique como ferramenta fundamental para o desenvolvimento da estratégia integrada de desenvolvimento sustentável da região.

Para a análise SWOT, utilizámos dados de estudos socioeconómicos comparativos para avaliar o potencial da região, bem como informações fornecidas por peritos da Agência de Desenvolvimento Regional do Sul do Munique, da APIA e do MADR, que apoiaram a elaboração deste documento, aos quais juntámos os resultados do questionário, com o objetivo de identificar temas específicos com impacto no desempenho económico local e na orientação estratégica do desenvolvimento rural na região.

Para cobrir os domínios acima referidos, são apresentadas análises SWOT das infra-estruturas da zona, da economia com aplicação ao desenvolvimento das PME, das zonas rurais e do estado do ambiente.

Quadro 4: Análise SWOT - Infra-estruturas na região Sud-Munténia

Internal elements	External elements
Strengths	Opportunities

Good density of transport networks Good density of natural gas networks in the north of the region High coverage of fixed and mobile communications networks Upgraded national and European road networks; Existence of Bucharest-Pitesti and Bucharest-Constanta motorways (partially completed) The existence of the Danube River and some important customs points in the south of the region Road, rail and river access to the Black Sea	Developing cooperation with the countries bordering the Danube Direct and fast access of the region to Bucharest airports Modernization of the road and rail transport infrastructure Modernizing the technical and social infrastructure Increasing competitiveness and attractiveness of the region for foreign direct investment Existence of Structural Instruments for financing the development of local and regional infrastructure
Weaknesses	Threats/Risks
Insufficient technical state of the county and local road networks; Insufficient social infrastructure / health Insufficient natural gas networks in the south of the region Low road safety Poor infrastructure of public ports and services Limited access to telecommunications-ICT Undersized use of railways	Insufficient financial sources of local and regional infrastructure development due to the lack of involvement in the design of the projects in the area Poor management of decisions to target investments to areas with potential for growth Insufficient harmonization of investment types with the education system and the business environment

Tabelul Nr. 5 Análise SWOT - Zonas rurais da região Sud-Munténia

Internal elements	External elements
Strengths	Opportunities
Natural conditions favourable to economic development High share of non-agricultural activities in the northern part of the region Long traditions in all sectors of agriculture The existence of agrotourism structures in development Non-polluting living environment Rich cultural and historical heritage Historical and cultural traditions High degree of electrification of households Skilles workforce	Revitalizing the rural communities Developing the SME sector in the rural area Facilities for the agricultural associations Development of agritourism, preservation of historical and cultural traditions Environmental protection investments Increasing the volume of organic products Increasing non-agricultural activities Diversification of non-agricultural activities Increasing population incomes in the rural area Existence of the Financial Instruments for Rural Area Development
Weaknesses	Threaths/Risks
Inappropriate technical conditions of the commune road network Low level of development of social	Underestimating the rural environment in the development of the region Lack of capital to support investment

infrastructure, services and utilities Low number of SMEs Lack of employment opportunities Low share of non-agricultural activities in the south of the region Lack of skilled workforce in non-agricultural sector Low level of education and living conditions Productivity and low profitability Low financial power of the rural population	Insufficient use of existing potential The slow development of the rural economy Increasing disparities between rural communities Migration of young people to the urban areas Increasing the imbalance in the rural communities and their excessive depopulation

Quadro 6 Análise SWOT - Estado do ambiente nas zonas rurais do Sul da Suécia

Região da Munténia

Internal elements	External elements
Strengths	Opportunities
Traditional, non-polluting practices for plant cultivation Unlimited potential for renewable energy Introducing Organic Cultivation Technologies[17] High potential for energy crops High potential for green crops Reducing industrial pollution	Developing sustainable competitive agriculture Supporting environment-friendly agricultural activities Financial support (agri-environment measure) for ATU component localities and for traditional agricultural practices Financial support for green crops

<table>
<tr><td>Industrial technological upgrading
Increased environment protection investments
Application of restrictive environment legislation
Existence of large areas of meadows and natural hills including alpine and subalpine</td><td>Financial support for energy crops
Stabilizing the rural population
Attracting young people to the rural area
Support for young farmers
Increasing the entrepreneurial initiative of the rural population
Diversification of the agricultural production
Increasing non-polluting non-agricultural activities
Financial support of rural micro-enterprises
Maintain the attractiveness and landscape specificity
High incomes for the population that are operating under more difficult conditions
Income for the rural population
Stimulating public-private partnerships</td></tr>
<tr><th>Weaknesses</th><th>Threaths/Risks</th></tr>
<tr><td>Insufficient quality of ambient air
Pollution generated by major industrial sources concentrated in the northern region
Non-assurance of the quantity and quality of the extracted / discharged water
Inappropriate waste management</td><td>Ignoring policies to protect the natural environment
Difficult access to funding sources
Lack of information on funding programs
Insufficient financial and social assistance for entrepreneurship
Maintaining polluting technologies
Poor land use</td></tr>
</table>

Soil pollution through waste disposal Poor technical condition of sewage treatment plants Underground water pollution through bad storage Anthropic activities diminishing the protection of the forests Biological and microbiological pollution of the collecting rivers Natural phenomena and disasters Phenomena of erosion and soil impoverishment Soil pollution with chemicals in the south of the region Agricultural polluting practices on animals	Enhancement of the drought and desertification phenomenon of the agricultural land in the south of the region The risk of force major on the climate or economy

A reavaliação do potencial económico e social da região sul de Munique é evidenciada pelos elementos apresentados nos pontos fortes e nas oportunidades. Os elementos de fraquezas e ameaças/riscos que corrigem os constrangimentos que as orientações e os objectivos das estratégias de desenvolvimento na área analisada serão materializados pela implementação de medidas e actividades sob a forma de indicadores de implementação/realização, resultados e impacto.

OBJECTIVO E VISÃO DA ESTRATÉGIA INTEGRADA DE DESENVOLVIMENTO SUSTENTÁVEL PARA A REGIÃO SUL DE MUNIQUE

Com base na reavaliação das caraterísticas socioeconómicas da região, incluindo as lacunas e disparidades identificadas na região e no questionário, realizámos análises SWOT que justificaram a elaboração das componentes da estratégia integrada de desenvolvimento sustentável para a região, o desenvolvimento a médio e longo prazo, incluindo o desenvolvimento rural, o desenvolvimento das PME, o desenvolvimento das infra-estruturas regionais e a proteção do ambiente. O objetivo da estratégia consiste em obter benefícios económicos e sociais positivos para a região no seu conjunto, definindo as orientações estratégicas, os objectivos e as actividades necessárias para os alcançar numa abordagem integrada. A longo prazo, o principal objetivo estratégico de desenvolvimento para a região do Sul de Munique consiste em "aumentar a capacidade da região para um desenvolvimento económico e social sustentável e equilibrado, conduzindo a uma redução das disparidades e a um reforço da coesão económica e social, bem como a uma melhoria do bem-estar e do nível de vida dos habitantes da região".[17] A visão estratégica para o desenvolvimento da região pode ser resumida da seguinte forma: [18]"O Sul da Munténia será uma região com uma forte identidade nacional e europeia, capaz de oferecer aos seus habitantes uma elevada qualidade de vida". A visão reflecte as aspirações a médio e longo prazo das comunidades urbanas e rurais da região, que apoiarão a aplicação das medidas estratégicas. A concretização da visão, baseada na participação efectiva e significativa da comunidade, contribuirá para o crescimento económico e a prosperidade da região, terá um impacto real na coesão económica e social e reduzirá as desigualdades na região. A visão estratégica reflecte o futuro da região, em que as pessoas criarão novas capacidades económicas para o emprego e a prosperidade económica através de uma série de actividades inovadoras. Tal contribuirá para um desenvolvimento económico sustentável e equilibrado como parte integrante e regional da estratégia de desenvolvimento sustentável da União Europeia.

OBJECTIVOS, PRIORIDADES DA ESTRATÉGIA INTEGRADA PARA O DESENVOLVIMENTO SUSTENTÁVEL DA REGIÃO SUL DE MUNIQUE E MEDIDAS DE EXECUÇÃO

[17] *** Plano de desenvolvimento regional, fonte: RDA Sud-Muntneia
[18] *** 2007-05-30 Programas PHARE em parceria Fonte : http://www.unpr.ro/romanian/detailed.php?do=491

A estratégia centra-se nos requisitos económicos, sociais e ambientais da região, necessários para assegurar um desenvolvimento sustentável a médio e longo prazo a partir de 2010. A estratégia desenvolvida neste documento baseia-se numa série de cinco princípios operacionais que orientam as medidas e acções: Parceria, Concentração, Integração, Inclusão e Inovação.

Com base na visão, defini a meta estratégica e os objectivos da estratégia para refletir o contexto económico e social, as abordagens e as mudanças desejadas. O objetivo estratégico consiste em assegurar um elevado nível de vida, um crescimento económico sustentável e um desenvolvimento baseado nos recursos da região, em reduzir as desigualdades económicas e sociais existentes na região e em aumentar a participação dos grupos desfavorecidos na vida económica, bem como em melhorar as condições ambientais.

Objectivos estratégicos

A estratégia integrada para o desenvolvimento sustentável da região visa concretizar o plano de desenvolvimento, respondendo a três objectivos estratégicos desenvolvidos globalmente e a cinco objectivos horizontais (transversais) interdependentes, aplicados a todas as prioridades e medidas individuais que garantem a revitalização e a competitividade da região. Dos objectivos horizontais, apenas o ambiente é considerado no presente documento. Nas próximas fases de implementação do Plano Estratégico de Desenvolvimento Regional, os objectivos horizontais serão plenamente tidos em conta como parte de uma abordagem integrada.

Os objectivos estratégicos têm as seguintes caraterísticas relevantes:

O objetivo 1 - Desenvolver a competitividade e a capacidade de atração da região centra-se em duas áreas principais:

- fornecer os apoios necessários para melhorar a imagem da região e incentivar os investimentos públicos e privados na sua economia, nomeadamente através da melhoria das redes de transportes locais, do reforço da importância das colectividades locais para o investimento e do desenvolvimento das infra-estruturas culturais, de lazer, energéticas e de TIC;

- Fornecer as infra-estruturas necessárias para melhorar a qualidade de vida da população da região, desenvolver e modernizar os serviços públicos e as infra-estruturas sociais, incluindo a gestão dos resíduos; proteger e restaurar o património cultural e natural.

O objetivo 2 - Desenvolver a competitividade e a capacidade de inovação do ambiente empresarial da região visa criar as condições necessárias para melhorar o desempenho do sector empresarial e a competitividade da região através de: Criação de novas empresas e apoio às que têm potencial para sobreviver e crescer, aumentando o número e o volume de investimentos e de investimento estrangeiro na região; melhoria do acesso das empresas ao financiamento; desenvolvimento de uma cultura empresarial e de competências empresariais e aplicação de medidas de gestão; desenvolvimento das exportações e do comércio ; melhorar a comercialização dos serviços e produtos da região; aumentar a utilização da inovação e de processos inovadores, bem como a transferência de tecnologia nos processos de produção; desenvolver relações de cooperação com estabelecimentos de ensino superior e de investigação, a fim de utilizar a investigação em larga escala nos processos económicos;

Objetivo 3 - Desenvolvimento económico, social e cultural sustentável das comunidades rurais: Uma abordagem integrada e equilibrada do desenvolvimento das comunidades rurais e da economia rural deverá criar zonas rurais atractivas e prósperas que contribuam positivamente para a prosperidade regional. Estes objectivos de desenvolvimento rural serão alcançados através das seguintes medidas: desenvolvimento de uma economia rural diversificada e competitiva no sector agrícola através da modernização dos sistemas de produção e transformação; criação de fontes alternativas de rendimento para os agricultores; melhoria das redes locais de transportes e das TIC; melhoria das infra-estruturas de serviços; melhoria do acesso das comunidades rurais à educação, à formação, ao emprego e aos serviços de aconselhamento; preservação do património natural e cultural das comunidades rurais; promoção do desenvolvimento rural utilizando mão de obra, materiais, métodos tradicionais e artesanato locais.

Objectivos horizontais - proteção do ambiente, igualdade de oportunidades, inovação, sociedade da informação e desenvolvimento dos recursos humanos.

O interesse do presente documento reside no objetivo horizontal de proteção do ambiente, que constitui um objetivo prioritário na definição e aplicação das prioridades/medidas financiadas pelos fundos europeus. Num contexto em que a melhoria da qualidade do ambiente é considerada um fator essencial de desenvolvimento económico e social, pretende-se apoiar as intervenções destinadas a melhorar, proteger ou valorizar o ambiente natural, aplicando o critério de boas práticas em todos os sectores de atividade ligados ao ambiente. No âmbito deste objetivo transversal, será dado apoio a actividades que garantam o crescimento económico, o progresso social e a qualidade do ambiente natural, a fim de obter um impacto que contribua para o desenvolvimento sustentável da região através de redução dos resíduos domésticos e industriais, da poluição e dos efeitos negativos no ambiente; proteção e melhoria do ambiente e do património cultural; redução do consumo de energia convencional e utilização de fontes de energia alternativas e renováveis (hidroeletricidade, energia solar, energia eólica, biomassa e resíduos domésticos) ; Promover o investimento, a inovação, a investigação e o desenvolvimento de tecnologias novas e limpas; incentivar novas empresas a desenvolver tecnologias e serviços ambientais sustentáveis; melhorar a eficiência dos combustíveis utilizados nos transportes públicos e privados; sensibilizar para o facto de a qualidade do ambiente ser um fator económico importante.

Principais prioridades e medidas de execução

O plano de desenvolvimento está a ser implementado com base em três prioridades que abordam as necessidades específicas de desenvolvimento da região. Cada uma das prioridades contém uma série de medidas de execução que indicam o tipo de ação a empreender. De todas as medidas contidas no plano de execução da estratégia integrada de desenvolvimento sustentável da região, a tónica é colocada nas que são relevantes para a realização da estratégia de desenvolvimento rural e que estão relacionadas com a estratégia de desenvolvimento das infra-estruturas regionais, o desenvolvimento económico, com prioridade para o apoio às PME, o ambiente e o aumento do nível nutricional (qualitativo e quantitativo) da população rural.

As prioridades incluem medidas diretas e complementares baseadas nos resultados esperados destas estratégias como parte de uma estratégia integrada para o desenvolvimento rural sustentável na região.

A análise dos dados dos questionários realizados em 2010-2012 sobre a acessibilidade dos programas de financiamento para os beneficiários rurais de Sud-Manche, bem como sobre o desenvolvimento e a avaliação dos projectos propostos para financiamento, evidencia aspectos que podem contribuir para melhorar o acesso aos financiamentos nacionais e europeus. Dado que todas as pessoas singulares e colectivas entrevistadas consideraram que a informação sobre os programas de financiamento era insuficiente, a medida 3.7 relativa ao aconselhamento dos agricultores foi integrada na estratégia de desenvolvimento rural sustentável da região Sul-Montenegro, no âmbito do eixo 3 - Desenvolvimento. No que se refere ao desenvolvimento dos projectos, esta medida contribui para melhorar o processo de acesso aos financiamentos, o que conduz a um aumento do número de projectos apresentados com uma taxa de execução mais elevada e, consequentemente, a um impacto positivo no desenvolvimento socioeconómico das zonas rurais.

Prioridade 1 - Desenvolvimento e modernização das infra-estruturas regionais

Medida 1.1 Desenvolvimento e modernização das infra-estruturas de transportes ;

Medida1.2 Ampliação e modernização de equipamentos, serviços públicos e infra-estruturas sociais ;

Medida 1.3 Desenvolvimento de infra-estruturas de proteção do ambiente ;

Medida 1.4c Reabilitação de áreas poluídas e preservação do ecossistema nacional ;

Medidas adicionais :

Modernização das infra-estruturas de informação e de telecomunicações e acesso aos serviços informáticos; modernização das infra-estruturas energéticas; renovação das zonas industriais e urbanas.

Prioridade 2 - Desenvolvimento do sector empresarial

Medida 2.1 Desenvolvimento e modernização das infra-estruturas das empresas ;

Medida 2.2 Apoiar e incentivar a criação de novas PME e reforçar a competitividade das PME existentes ;

Ação 2.3 Transformar os resultados da investigação, da inovação e do desenvolvimento tecnológico em produção e serviços ;

Medida 2.4 Apoiar e promover o investimento do sector privado na economia da região ;

Medida 2.5 Desenvolver actividades de apoio e aconselhamento às PME ;

Medidas adicionais :

desenvolver infra-estruturas turísticas e actividades de apoio;

Desenvolver a cooperação interna e internacional.

Prioridade 3 - Desenvolvimento rural sustentável

Medida 3.1 Desenvolvimento de infra-estruturas técnicas e sociais nas zonas rurais ;

Medida 3.2 Desenvolvimento da economia rural não agrícola e promoção da sua competitividade ;

Medida 3.3 Desenvolvimento do sector agroalimentar nas zonas rurais ;

Medida 3.4 Desenvolvimento e melhoria das infra-estruturas físicas de apoio à agricultura ;

Medida 3.5 Modernizar a transformação e comercialização de produtos agrícolas

Medida 3.6 Preservação e melhoria do ambiente natural das zonas rurais e proteção do património cultural das comunidades rurais

Medida 3.7 Aconselhamento aos agricultores

[19]Com base na análise efectuada, considero que as estratégias de desenvolvimento regional atualmente em curso podem ser melhoradas em termos do conteúdo dos objectivos e dos indicadores de execução/realização, dos resultados e impactos, bem como das medidas a tomar para atingir esses objectivos.

[19] *** Plano de Desenvolvimento Regional; fonte: http://www.adrmuntenia.ro/documente-l-documente_utile.html

CAPÍTULO 4 . CONCLUSÕES

A análise do desenvolvimento rural na região meridional de Munique conduz às seguintes conclusões pertinentes:

De acordo com a definição de zonas rurais, em 2012, a região do sul de Munique tinha 519 municípios, com 2 019 aldeias, incluídos em 7 unidades administrativas territoriais (Kreise). A população rural da região era de 1.925.334 pessoas em 2012, representando 58,6% da população total; Existe uma tendência para o declínio e o envelhecimento da população rural; A elevada proporção da mão de obra nas actividades agrícolas; Taxa de emprego mais elevada do que no meio urbano, que não pode compensar outros factores específicos do emprego, com um impacto negativo no nível de vida; A elevada taxa de emprego dos jovens trabalhadores; Baixo nível de formação da mão de obra, o que exige uma estratégia especial para os recursos humanos nas zonas rurais.

O desenvolvimento complexo das zonas rurais é um objetivo de importância nacional, dadas as condições oferecidas pela adesão à União Europeia, situação que determinou a intensificação das preocupações teóricas e práticas neste domínio. Muitas abordagens tradicionais já não estão adaptadas à economia de mercado e, em particular, às zonas rurais, dadas as novas exigências. Esta situação exige uma abordagem moderna que tenha em conta o facto de as zonas rurais disporem de uma vasta gama de recursos locais que podem ser mais bem explorados numa base sustentável, a fim de desenvolver as zonas rurais.

A análise das infra-estruturas de transporte mostra que estas estão bem desenvolvidas devido à localização geográfica vantajosa da região, mas com um estado insatisfatório das redes rodoviárias e da estrutura das vias públicas, o que se reflecte principalmente na proporção da rede rodoviária modernizada em relação ao número total de estradas departamentais e municipais, em que os distritos da zona sul apresentam valores inferiores aos dos distritos do norte; o nível de estradas departamentais e municipais corresponde a 14,56% do nível total nacional; a rede ferroviária da região está bem desenvolvida.

[2222]Indicadores de infra-estruturas de transporte: A densidade de estradas públicas é de 36,5 km / 100 km, com o valor mais elevado nos concelhos de Arges (49,5 km / 100 km), Prahova (46,4 km / 100 km) e Damboviui (46 km / 100 km) e o mais baixo em Calarasi (25.9 Km / 100 Km2) e Lalomita (25,9Km / 100Km2); O estado técnico da rede rodoviária pública, com uma extensão total de 12.574 km, é geralmente insatisfatório, com estradas modernizadas, com uma extensão de 4.059km, 32,28% da extensão total, e 30,22% (3.800km) com um pavimento ligeiro; 95,65% das estradas nacionais da região estão reabilitadas, enquanto que a percentagem de estradas departamentais e municipais é de 14,24%; Verifica-se um ligeiro aumento (4,84%) da percentagem de estradas departamentais e municipais reabilitadas em relação a 2004, ano em que representavam apenas 9,4%; A rede rodoviária existente e a situação geográfica da região permitem boas acessibilidades internas e internacionais.

As infra-estruturas de comunicação foram desenvolvidas graças ao programa de investimento que, ao fornecer equipamentos modernos e eficazes e ao modernizar as infra-estruturas de transporte de informação, contribuiu para aumentar o número de beneficiários e o volume de informação, incluindo nas zonas rurais, onde existe um défice considerável destes serviços. As infra-estruturas de abastecimento de água potável nas zonas rurais cobrem 86,48% das localidades da região, a grande maioria das quais se situa nos distritos do Norte. As infra-estruturas de saneamento nas zonas rurais estão mal cobertas, com 48,27% do número total de povoações da região a disporem de uma rede de esgotos; a maioria das povoações rurais com uma rede de esgotos situa-se nas circunscrições de Prahova, Arges e Dambovita; nos condados do sul, o sistema de esgotos é quase inexistente, com apenas uma localidade nos condados de Calarasi, Giurgiu e Teleorman, e nenhum sistema de esgotos em qualquer localidade no condado de Ialomita. As infra-estruturas da rede de distribuição de gás natural nas zonas rurais representam 70,35% da região, a maior parte das quais no condado de Prahova; o menor número de localidades ligadas à rede de gás natural situa-se nos condados do sul do país; nas zonas rurais, o número de localidades onde o gás natural é distribuído ascende a 94 localidades nos condados da parte norte da região, com uma quota de 92,16% de toda a região.

A infraestrutura técnica para a irrigação é fornecida por dois ramos territoriais da ANIF, nomeadamente os ramos Olt-Arges e Arges-Ialomita-Siret, que irrigam culturas numa área total de 1 371 571 ha, incluindo os condados de Lalomita com 116.576 ha e Calarasi com 102.207 ha, Teleorman com 28.993 ha, Giurgiu com 17.986,91 ha, distritos localizados na parte norte da região, com sistemas de irrigação locais, com falta de infra-estruturas de irrigação nas partes sul e norte da região. A infraestrutura social para a habitação tem uma percentagem mais elevada de habitação rural do que na zona urbana, que para o ano de 2008 de 60,60% nas zonas rurais em comparação com 39,40% na zona urbana; Nas zonas rurais, ao nível da região Sul-Muntenia, em 2012, foram emitidas 7.971 licenças de construção (20,96% de todo o país).

A infraestrutura social para a educação está bem representada a nível regional e pode apoiar o desenvolvimento adequado da educação. A proporção de unidades de ensino na região é de 3,12% para o ensino primário e de 17,93% para o ensino secundário, em comparação com o nível nacional; nas zonas rurais, este tipo de infraestrutura social pode ser considerado inadequado para o processo de desenvolvimento rural e exige a modernização das estruturas escolares e projectos de investimento em conformidade com as exigências e necessidades locais.

A infraestrutura social de saúde no Sul da Munténia é o sistema médico menos desenvolvido, com grandes diferenças de concelho para concelho, o que implica um baixo nível de infra-estruturas de saúde nas zonas rurais; os valores mais elevados em termos de número de unidades de saúde por concelho registam-se nos concelhos da parte norte da região, Prahova, Arges e

Dambovita.

A análise da situação agrícola da região evidenciou as suas caraterísticas particulares, determinadas pela diversidade do relevo e dos solos, do clima e dos recursos vegetais.

As caraterísticas económicas na dinâmica do período 2008-2012 destacam os seguintes aspectos do sector agrícola:

A parte da agricultura no valor do PIB apresenta uma forte tendência descendente, passando de 18,30% em 2004 para 7,80% em 2007, o que, a nível regional, reflecte a mesma tendência descendente da parte da agricultura no valor do PIB nacional, que era de 12,54% em 2004 e passou para 5,76% em 2007.

A estrutura das explorações agrícolas representa 19,41% do número total de explorações agrícolas da região Sul-Muntenia (762. Os valores mais elevados em termos de número de explorações agrícolas registam-se nos concelhos da parte norte da região, nomeadamente Prahova, Arges e Dambovita; do número total de explorações agrícolas, 99,57% são explorações agrícolas individuais, ou seja, 759.618 explorações de um total de 762.882 explorações, e a diferença de 3.267 explorações têm o estatuto de unidades com personalidade jurídica e representam 0,43%; As explorações cooperativas representam apenas 3 unidades, num total de 71 unidades a nível nacional, as formas associativas registam valores baixos, o que é uma das razões pelas quais as explorações não estão preparadas para um mercado funcional e competitivo; A maior superfície agrícola da região, de 2.A maior superfície agrícola da região, 2.336.000 ha, é propriedade privada; as terras aráveis destinadas à produção vegetal pertencem aos distritos do sul da região; nos distritos do norte, as maiores áreas são dedicadas à viticultura e à arboricultura nos distritos de Arges e Prahova.

Os indicadores económicos agrícolas da região mostram o seguinte: A região ocupa o primeiro lugar em termos de terras aráveis (a superfície agrícola total da região, 2.444.000 ha, representa 70,9% da superfície total, sendo a restante ocupada por florestas, com 19,7%, e por cursos de água e lagoas, com

2,9% da superfície agrícola total), sendo a maior parte das terras aráveis, com 80,7%, seguida de pastagens e prados, com 11.A superfície total de terras aráveis na região é de 1 802 225 ha, com as maiores áreas nos departamentos de Calarasi (408 548 ha), Teleorman (367 091 ha) e Ialomita (342.854 ha (condados romenos de planície em comparação com os condados do norte); a grande parte do sector privado na agricultura (99%), a produção das principais culturas e a produção de carne, a agricultura na região tem um potencial real de desenvolvimento, embora seja atualmente caracterizada por uma baixa produtividade agrícola, principalmente devido ao equipamento técnico obsoleto Moral e modo de utilização e ainda está sob a influência da transição para uma economia de mercado ; A produção de culturas agrícolas varia muito entre as diferentes regiões da zona, embora a estrutura das terras aráveis seja semelhante.

A fim de alcançar os objectivos de convergência, foram elaborados e aprovados seis programas operacionais sectoriais e um programa operacional regional para o período do atual processo orçamental da UE (2007-2013) nos seguintes domínios prioritários Transportes, Ambiente, Aumento da competitividade económica, Desenvolvimento das regiões, Desenvolvimento dos recursos humanos, Reforço da capacidade administrativa, Assistência técnica. As subvenções concedidas para a medida 2.1 relativa às infra-estruturas rodoviárias rurais na região de Südmünchen contribuíram para aumentar o comprimento total das estradas públicas e a densidade nas zonas rurais; além disso, o número de localidades rurais com uma rede de água potável aumentou em 5. As subvenções concedidas para esta medida contribuíram igualmente para aumentar o número de localidades com uma rede de esgotos, estando 2 localidades situadas na parte norte da região.

A percentagem da população rural é mais elevada na sub-região sul do que na sub-região norte, o que confere à sub-região sul um carácter rural. A proporção de pessoas desempregadas é mais elevada na sub-região Norte do que na sub-região Sul. O nível global de desenvolvimento económico, expresso em termos de PIB per capita, produtividade do trabalho e valor acrescentado bruto regional (VABR) a nível nacional e regional, expresso em dados comparativos para 2006 e 2007, evidencia a existência de lacunas no desenvolvimento económico na região do Montenegro do Sul, tanto em relação ao nível nacional como a outras regiões. Os indicadores de infra-estruturas, expressos como a densidade da rede rodoviária pública / 100km/h e a percentagem de estradas melhoradas, são mais elevados na região do que a nível nacional e, dentro da região, estes dois indicadores têm valores mais elevados para a sub-região norte do que para a sub-região sul, reflectindo a existência de lacunas entre as duas sub-regiões. Os indicadores de infra-estruturas, expressos em percentagem de localidades com rede de água potável e em percentagem de localidades com rede de esgotos, revelam carências em relação ao nível nacional e, a nível sub-regional, carências em desfavor da sub-região Sul. Os indicadores de recursos humanos, expressos em percentagem da população ativa na agricultura, percentagem da população ativa na indústria e percentagem da população ativa na população total, são mais elevados na região do que a nível nacional, mas apresentam diferenças desfavoráveis em relação a outras regiões em desenvolvimento; A nível sub-regional, estes indicadores apresentam valores mais elevados na sub-região Norte do que na sub-região Sul, reflectindo diferenças entre as duas sub-regiões; a percentagem da população civil ativa na população total e a percentagem da população ativa no sector dos serviços apresentam valores mais baixos do que a nível nacional, evidenciando a existência de diferenças entre a região e o nível nacional.

BIBLIOGRAFIA

1. Alecu, I. N., \$.a., (2006) - *Agroturismo e marketing do agroturismo,* Ed. Ceres, Bucareste

2. I.Bold, M.Draghici - "*Esseys*", Ed. Terra Nostra, Ia\$i 2010, página 332

3. Ion Dona - Conceito de espaço rural - Curso - Universidade de Agronomia e Medicina Veterinária, Bucareste

4. John Waller-Hunter, janeiro de 2000- "*Moving Environmental Economics*", Liber Amicorum para Michel Potier, OCDE - Direção do Ambiente, Paris

5. Limantovschi, C. - Guia prático para a elaboração de estratégias de desenvolvimento local

6. Melinda Candea, Florina Bran, O espaço geográfico romeno. Organização, planeamento, desenvolvimento sustentável, Bucareste, Editura Economica, 2001.

7. Otiman, I., P., Le développement rural en Roumanie. Editura Agroprint, Timisoara, 1997;

8. Perspectivas de desenvolvimento da agricultura face à concorrência na União Europeia".

9. Fonte: *Anuário Estatístico da Roménia, 2012*, INS

10. Tanase Doina, Rosu Ana, Brailoiu C., Pana Claudia, Tanase Georgeta (18 de maio de 2006) - "Promoção da produção da variedade Ipomea batata (batat) na S.C. Frasinul S.A Buzau", - simpósio nacional com participação internacional

11. *** Dimensão económica das explorações, Sursa: http://anale.feaa.uaic.ro/anale/resurse/20_Tofan_A_-_Dimensiunea_economica_a_exploatatiilor_agricole.pdf

12. FEDER, fonte: http://www.fonduri-finantari.eu/articol/fondul-european-de- dezvoltare-regionala-fedr

13. HumanDevelopmentIndexHDI , fonte : http://www.eoearth.org/article/Human_Development_Index

14.1 Índice de bem-estar económico sustentável -ISEW Fonte : gtp://en.wikipedia.org/wiki/Sustainable_economic_support_dex

15. Plano de desenvolvimento regional, fonte: Agência de Desenvolvimento Regional do Sul - Muntenia

16. editado de : Letitia Zahiu et al. *A agricultura na economia romena - entre expectativas e realidades* -, Ed. Ceres, 2010

17. tratado de acordo com a política de desenvolvimento regional Fonte: http://www.ier.ro/documente/formare/Politica_regionala.pdf

18° programa ISPA, fonte: http://www.mt.ro/dgrfe/ispa.html

19. Estratégia para os recursos renováveis na região de Arges; fonte: http://www.cjarges.ro/upload/atachments/16692_Anexa%20P8.pdf

20 Estratégias e políticas europeias de desenvolvimento sustentável, fonte: http://www.cse.uaic.ro/fisiere/Documentare/Suporturi curs/n Strategii si politic i europene de dezvoltare durabila.pdf

21 Associação Nacional dos Conselhos Distritais da Roménia; fonte: http://www.uncjr.ro/inside.php?key=4d1b2b62515d0

Printed by Books on Demand GmbH, Norderstedt / Germany